Couvertures supérieure et inférieure
en couleur

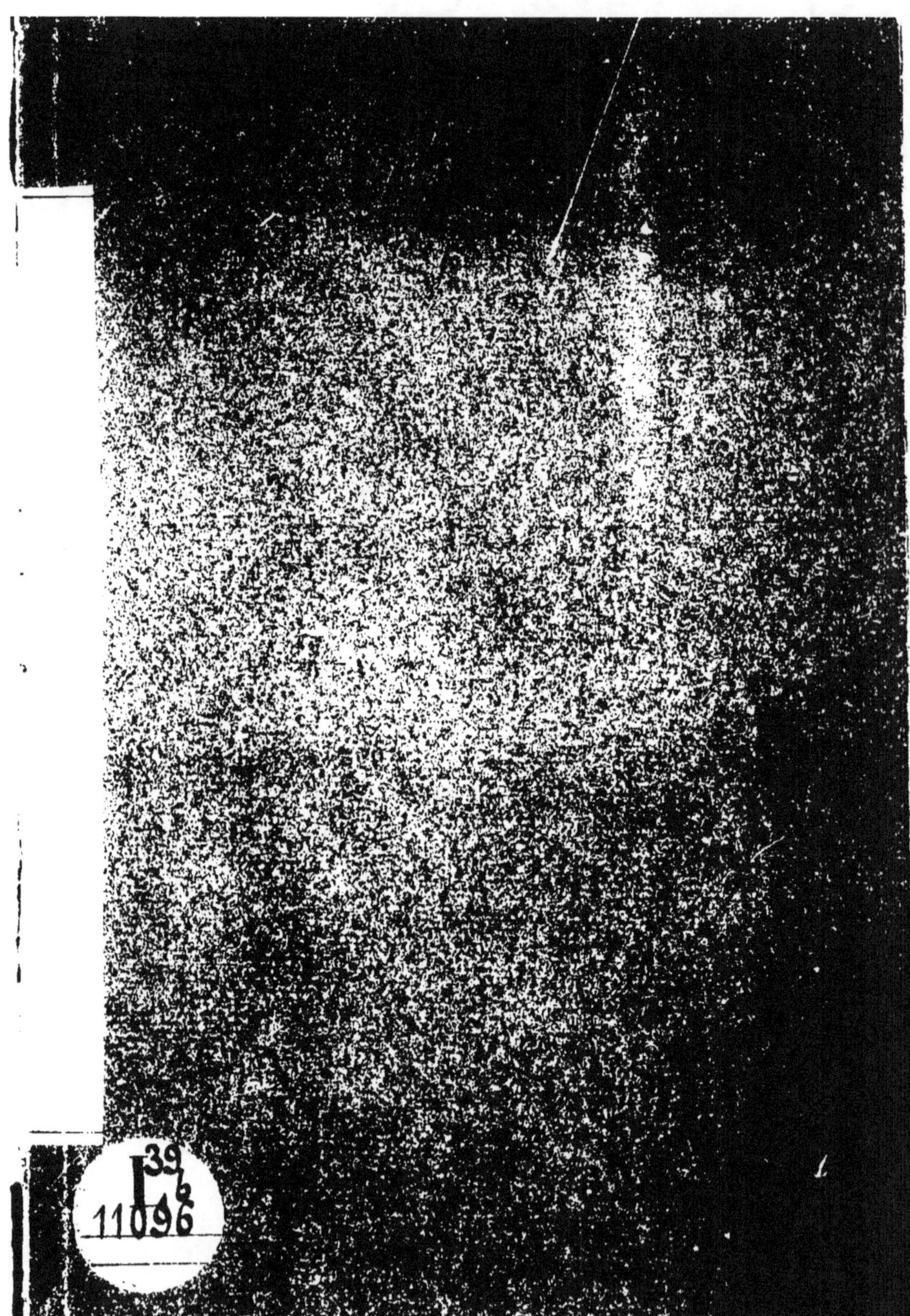

DIX AOUT

ET LA

SYMBOLIQUE POSITIVISTE

LE
DIX AOUT

ET LA
SYMBOLIQUE POSITIVISTE

PAR LE

DR ROBINET

Réponse au journal LA RÉPUBLIQUE FRANÇAISE

PARIS

ERNEST LEROUX, ÉDITEUR

28, RUE BONAPARTE, 28

—

1873

LE DIX AOUT

ET

LA SYMBOLIQUE POSITIVISTE

En rendant compte de quelques recherches historiques que nous avons faites sur la Révolution (1), la *République française* contredit formellement l'action que nous avons attribuée à Danton au 10 Août (2).

Sa négation est fondée sur certains faits, d'une part, et, d'autre part, sur la théorie démocratique de la spontanéité souveraine des foules, opposée à la théorie positive des forces sociales déterminées, que l'on range dans la catégorie des hallucinations par cause de religiosité.

« Si le goût de M. Robinet pour Danton est aussi connu, dit notre honorable contradicteur, bien peu se doutent que ce n'est pas seulement par satisfaction personnelle qu'il s'y livre avec tant d'ardeur. M. Robinet fait partie des positivistes de la rue Monsieur-le-Prince, et Danton est un des « types vraiment éminents » qu'on vénère dans cette chapelle humanitaire..... M. Robinet ne s'est pas voué seulement à un travail de critique historique pure, il a entrepris même plus qu'une réhabilitation ; c'est une *béatification*, une *canonisation* qu'il s'agit pour lui de justifier : le Maître a prononcé. Or, que s'ensuit-il ? C'est que M. Robinet aura beau s'observer ; comme il fait là un acte religieux, il ne peut le faire *sans que la vérité historique n'en souffre quelque peu* ; en un mot, il lui arrivera

(1) *Danton*, mémoire sur sa vie privée, in-8°, 1863.
Procès des Dantoniens, dans la *Politique positive* (Revue occidentale), 31 numéros, 1872-1873.
(2) *La République française*, n°⁸ des 25 septembre et 3 novembre 1873 ; *Variétés : Danton d'après M. Robinet et les Positivistes religieux.*

de tomber dans la symbolique, et, par ma foi, il y tombe
bien.

« ..... Nous disions tout à l'heure que votre système vous
conduisait droit à la symbolique : nous aurions dû dire plutôt
qu'il vous forçait à avoir des concepts dramatiques..... Votre
plan dantonien du 10 Août n'est rien qu'un plan de pièce.
Si nous avions à mettre en scène cette grande journée, nous
ne procéderions pas autrement que vous : Danton convoquant
les sections, Danton fixant le jour, Danton dirigeant les
citoyens armés, et nous irions même jusqu'à lui faire sonner
de sa propre main le tocsin des Cordeliers. Voilà le drame.
Mais l'histoire montre autre chose » (1).

Le triple intérêt de la mémoire d'un grand citoyen, de la
connaissance exacte de l'histoire de notre Révolution et de la
conduite de la politique républicaine actuelle elle-même, nous
oblige à ne pas laisser sans réponse une telle appréciation.
Nous nous proposons donc de reprendre ici la démonstration
que nous avons déjà donnée (2), en la complétant par des
preuves et des considérations nouvelles.

Une des conditions logiques les plus essentielles de la phi-
losophie positive, avons-nous dit, est d'éviter partout l'indétermination, et de pousser jusqu'à son dernier terme l'analyse
de chaque événement.

Elle ne saurait donc considérer les faits historiques principalement comme étant produits par des forces occultes, inap-
préciables et hypothétiques, tels que l'instinct, ou seconde
vue, de collectivités mal définies, agents impersonnels et irres-
ponsables, le plus souvent inconscients et inertes, chez lesquels, tout d'un coup, l'intelligence des hommes et des choses,
l'action forte et précise sur les événements publics, se dévelop-
peraient par une opération mystérieuse, toute métaphysique,
absolument analogue à celle de la Grâce, quand le Saint-
Esprit catholique descend dans les élus.

Aussi regardons-nous comme obligatoire, pour chaque cas
important, de déterminer la force ou l'ensemble de forces qui
donne lieu à la résultante constatée.

L'on entend par *force*, en sociologie, le concours d'un
nombre variable, mais toujours à peu près défini, ou au moins
assignable, de personnes ou de groupes de personnes vers un
même but intellectuel ou politique, *résumé par un individu.* Ce
concours offre deux éléments distincts. Il est indirect ou
direct, suivant qu'il représente l'élaboration des prédéces-
seurs, ou l'effort immédiat des contemporains. Mais, pour

(1) *La République française, loco citato.*
(2) Nᵒˢ 8 et 14 de la *Politique positive* (Revue occidentale).

aboutir et se résoudre en un fait, pour constituer une force effective et produire un résultat concret, il a toujours besoin de se condenser dans l'action d'un homme.

Par exemple, en Allemagne, la théorie des races, élaborée par les docteurs d'outre-Rhin, propagée par les journalistes et acceptée par le public, a dû, pour devenir une véritable force sociale, d'ailleurs bonne ou mauvaise, être saisie et appliquée par un homme d'Etat, à la fois arriéré et perturbateur selon nous, M. de Bismark (1).

De même, pour le 10 Août 1792, Danton fut le moteur définitif, la force dominantê, la résultante effective qui détermina le renversement de la monarchie, d'après le double concours, condensé en lui, des tendances des philosophes et des publicistes antérieurs, et des volontés des républicains contemporains.

Des témoignages d'un grand poids y signalent sa prépondérance ; des faits nombreux et de la plus rigoureuse authenticité l'y confirment absolument.

« Après le 22 juin (dit dans ses Mémoires l'ex-ministre Garat, que sa valeur personnelle et sa situation politique mettaient parfaitement en état de counaître et d'apprécier les faits), tout le monde faisait de petites tracasseries au Château, dont la puissance croissait à vue d'œil. *Danton arrangea le 10 Août*, et le château fut foudroyé. C'est là la véritable motion et le véritable décret qui ont créé la République » (2).

« Danton (écrit à son tour Billaud-Varennes, l'un des proscripteurs de germinal), comme membre de la Convention, fut admirable de courage et de ressources en 1792 et 1793 ; il *avait fait le 10 Août* ; il n'avait pas voulu nominalement le pouvoir. Que de calme et d'activité puissante avait cet homme quand les circonstances étaient difficiles ! quelle étendue d'esprit, quelle facilité ! » (3)

« *J'avais préparé le 10 Août* (s'écrie lui-même Danton au tribunal révolutionnaire), et je fus à Arcis, parce que Danton est bon fils, passer trois jours, faire mes adieux à ma mère et régler mes affaires ; il y a des témoins (4). — On m'a revu

---

(1) Ces généralités sont empruntées au cours de science sociale professé par M. Pierre Laffitte, d'après Auguste Comte (Système de politique positive).

(2) D. J. Garat, *Mémoires sur la Révolution.*

(3) Les dernières années de Billaud-Varennes, dans la *Nouvelle Minerve,* t. I, Paris, 1835.

(4) Il y a aussi des preuves ; voir, dans le livre de M. A. Bougeart et dans notre travail sur la vie privée de Danton, le *mémoire justificatif* des fils du conventionnel, indiquant les donations nota-

solidement ! — Je ne me suis point couché. J'étais aux Cordeliers, quoique substitut de la Commune. Je dis au ministre Clavières, qui venait de la part de la Commune, que nous allions sonner l'insurrection. *Après avoir réglé toutes les opérations et le moment de l'attaque*, je me mis sur le lit, comme un soldat, avec ordre de m'avertir. — Je sortis à une heure et je fus à la Commune devenue révolutionnaire. *Je fis l'arrêt de mort contre Mandat, qui avait ordre de tirer sur le peuple.* On mit le Maire en arrestation et j'y restai, suivant l'avis des patriotes. Mon discours à l'Assemblée législative » (1).

« Danton (raconte aussi Lucile Desmoulins, dans la partie de son diurnal relative à la nuit du 9 août, — notes qui n'étaient certes pas destinées à servir de témoignage historique), Danton vint se coucher. Il n'avait pas l'air fort empressé, il ne sortit presque point. *Minuit approchait.* On vint le chercher plusieurs fois ; *enfin il partit pour la Commune.* Le tocsin des Cordeliers sonna ; il sonna longtemps » (2).

Enfin M. Villiaumé, un des historiens de la Révolution *les plus particulièrement renseignés par les contemporains*, dit dans son histoire : « Danton, instruit de ce projet (il s'agit d'une nouvelle tentative d'évasion de la famille royale), jugea le temps venu de faire le complément de révolution qu'il annonçait depuis deux ans comme étant indispensable...

« ..... *Il eut la direction suprême de cette insurrection, dont il fixa le jour* » (3).

Eh bien ! la *République française* nie que ces témoignages si divers, malgré l'importance résultée de leur concordance, aient une valeur historique quelconque. Elle affirme ne point comprendre la déclaration si nette, si décisive, et, à la fin, si terrible, de Danton, au tribunal révolutionnaire, *bien qu'elle n'ait été contredite, au moment même, par aucun des assistants*, peuple, président, ni accusateur public, juges, ni jurés (pas même par *Dix-Août*). Enfin elle donne à entendre que nous n'avons pas produit et qu'il n'existe pas, en dehors de ces témoignages par eux-mêmes sans valeur, de faits pouvant les appuyer et elle croit en citer de contraires.

Nous allons reprendre, en l'augmentant, l'énumération des preuves que nous avons déjà fournies.

riées faites par lui, en cette circonstance, à sa mère et à sa nourrice. — Dr R.

(1) *Notes de Topino-Lebrun*, juré au tribunal révolutionnaire de Paris, sur le procès de Danton. — Archives de la préfecture de police.

(2) Œuvres de C. Desmoulins, t. II. p. 133-138.

(3) N. Villiaumé, *Histoire de la Révolution française*, 6e édition, t. II.

Quant aux faits généraux, on ne peut méconnaître, quelque parti pris que l'on ait pour la souveraineté populaire et pour l'infaillibilité de la raison générale, que les écrits de Montesquieu, de Turgot, de Diderot, de d'Holbach, de Condorcet, de Voltaire, de Rousseau et de tant d'autres, n'aient, vers la fin du siècle dernier, porté le Tiers-État, en France, à marcher à l'assaut de l'ancien régime ; et l'on ne saurait nier non plus, en poussant assez loin l'analyse, que cet élément important de notre société, dans ce qu'il avait de plus intelligent et de plus énergique, n'ait fini par se grouper, à Paris, en 1792, sous l'action puissante de l'homme d'État qui a le plus fait dans la Révolution.

Dès 1789, le principal foyer du mouvement parisien était déjà, en effet, le district des Cordeliers, où présidait Danton, et auquel il avait su rallier de très bonne heure un autre quartier de la capitale qui venait doubler sa force : celui du faubourg Saint-Antoine (1).

Il était très en situation, du reste, et beaucoup mieux que s'il avait été député ou ministre, pour diriger une telle attaque, car il faisait partie, comme substitut du procureur de la Commune, du gouvernement même de Paris, c'est-à-dire de cette municipalité qui fut le centre du grand mouvement révolutionnaire.

Pour le 10 Août 1792, le chef de la *République des Cordeliers*, comme disaient les royalistes, avait encore accru les éléments d'action dont nous avons parlé, en y ajoutant le faubourg Saint-Marcel, et bientôt après l'ardente et valeureuse troupe des Fédérés de province.

Quelques nouveaux détails sont ici nécessaires.

Les volontaires des départements qui s'étaient rendus à Paris pour former le camp de vingt mille hommes décrété par le ministre de la guerre Servan, le 8 juin 1792, et qui devaient assister, avant de quitter la capitale, à la fête de la Fédération, le 14 juillet, avaient établi dans la salle de correspondance du club des Jacobins, rue Saint-Honoré, un comité central chargé de traiter de leurs intérêts. Ce comité était formé de quarante-trois membres, qui s'assemblaient journellement aux Jacobins, et qui, sous la pression des événements, nommèrent, à la fin de juillet, un *directoire secret d'insurrection*, composé de cinq des leurs seulement : Vaugeois, du département de Loir-et-Cher, grand-vicaire de l'évêque de Blois ; Debesse, du département de la Drôme ; Guillaume,

_____

(1) Voir l'affaire Marat-Danton, dans les journaux du temps et dans un *Mémoire au Comité des rapports de l'Assemblée nationale*, pour M. Danton, etc. Janvier à mars 1790.

professeur à Caen ; Simon, de Strasbourg, journaliste ; et Galissot, de Langres.

Carra, publiciste et bientôt député à la Convention, y fut aussitôt adjoint, et de suite après : Fournier, dit l'Américain, Westermann, Kienlin, de Strasbourg, Santerre, commandant du bataillon des Enfants-Trouvés (faubourg Saint-Antoine), Alexandre, commandant du bataillon de Saint-Marcel, Lazowski, capitaine des canonniers de Saint-Marcel, Anthoine de Metz, ex-constituant, Lagrey, et Carin, électeur de 1789, enfin Camille Desmoulins (1).

Le « patriote Gorsas », le cordelier Legendre et Danton lui-même y parurent quelques fois (2).

Depuis sa formation jusqu'au 10 Août, le Directoire secret d'insurrection, qui était en rapport continu avec la force armée qui gagna militairement la journée (Fédérés, bataillons de Saint-Marcel, des Enfants-Trouvés et des Cordeliers), et, d'autre part, avec la Mairie de Paris, non point le Conseil général de la Commune, en majorité royaliste, mais les officiers municipaux républicains, Pétion, Manuel, Danton, Osselin, Boucher Saint-Sauveur, Sergent, Panis, etc., maire, procureurs et administrateurs, le Directoire eut trois séances actives : le 26 juillet d'abord, le 4 août ensuite, enfin le 9.

Les prises d'armes qu'il avait décidées dans les deux premières réunions n'eurent pas lieu, soit par le fait de la Mairie, soit par celui des commandants des Cordeliers, des Enfants-Trouvés et de Saint-Marcel, jugeant ensemble que le moment n'était pas encore venu, et voulant attendre *la discussion qui devait avoir lieu dans l'Assemblée législative sur la déchéance du Roi.*

Dans la nuit du 9, l'attaque du Château ayant été décidée par la Mairie et par les chefs de la force armée, pour le lendemain 10, le Directoire secret partagea ses membres en trois groupes, qui se répartirent comme il suit dans les sections du Théâtre-Français, des Quinze-Vingts et des Gobelins, pour enlever les combattants et donner de l'unité à leurs mouvements : Carra, Garin, Simon, etc., aux Cordeliers ; Westermann et Santerre au faubourg Saint-Antoine ; Fournier l'Américain, etc., au faubourg Saint-Marcel (3).

(1) Carra, *Précis historique et très-exact sur l'origine et les véritables auteurs de la célèbre insurrection du 10 Août, qui a sauvé la République* ; dans les *Annales patriotiques et littéraires* de Mercier et Carra, n° ccxxv, 30 novembre 1792. — Ce récit n'a point été démenti par les contemporains, que nous sachions.

(2) Carra, *ibidem.* — N. Villiaumé. *Hist. de la Rév. fr.,* —Thiers, ibidem.

(3) *Précis historique et très-exact sur l'origine et les véritables auteurs de la célèbre insurrection du 10 Août.*

Si l'on tient assez compte des intelligences décisives que Danton avait dans le Directoire insurrectionnel, par Santerre, Alexandre, Westermann, Desmoulins et Legendre tout au moins, et si l'on accepte, d'après les historiens que nous avons cités, qu'il se rendit dans ses conciliabules ; si l'on se rappelle qu'il avait un grade supérieur dans le bataillon des Cordeliers, qui fit si bonne contenance aux Tuileries sous le feu des Suisses, et où étaient tant de ses amis ; si l'on songe surtout que dès avant le 14 juillet, aux Jacobins, il avait provoqué les Fédérés présents à Paris, au nombre de quatre ou cinq mille déjà, *à faire serment de ne quitter la capitale qu'après que la liberté serait établie et le vœu de tous les départements exprimé sur le sort du Pouvoir exécutif*, et que les Fédérés, en conséquence, avaient, dès le 17, demandé à l'Assemblée législative la suspension du Roi et la mise en accusation de Lafayette, dans une pétition rédigée, paraît-il, par Anthoine (de Metz), alors président des Jacobins, et par Robespierre : il devient difficile de nier, comme l'a fait la *République française*, qu'il ait eu part (et une part des plus considérables selon nous) à la formation et à la direction de la force armée qui fit le 10 Août.

Pour les esprits exigeants et qui veulent des détails, nous ajouterons le passage suivant de l'interrogatoire subi le 19 avril 1793 devant le Comité de Sûreté générale de la Convention, par Westermann, alors colonel de la légion du Nord, après la retraite de Belgique :

« *18ᵉ question.* — Sur la demande de qui avez-vous été appelé aux fonctions d'adjudant général ?

« *Réponse.* — Sur la demande de personne, mais bien sur la considération des services que j'ai rendus à ma patrie ; entre autres, il a été trouvé dans les bureaux du ministère de l'intérieur un billet par lequel il a été constaté qu'il m'a été offert trois millions pour me ranger du parti du Roi quelques jours avant le 10 Août, et que, par ce billet, il a été prouvé que j'avais refusé cette somme et qu'il n'y avait pas d'autre moyen de se défaire de moi que de me faire assassiner.

« *19ᵉ question.* — Vous a-t-il été fait effectivement une proposition de trois millions pour vous ranger du parti de la Cour ?

« *Réponse.* — Oui, par trois personnes à moi inconnues, rue Sainte-Anne, hôtel des Etats-Généraux, qui sont entrées chez moi à sept heures du matin, lesquelles m'ayant demandé ma parole d'honneur de ne pas les divulguer sur le secret qu'elles avaient à me communiquer, je leur ai donné cette parole ; ensuite, elles m'ont proposé les trois millions pour me ranger du parti du Roi et abandonner le parti qu'elles me supposaient de commandant des Fédérés, à Paris, quelques jours avant le 10 Août..... J'en ai prévenu le citoyen Danton, etc..... qui m'a répondu que j'étais une f.... bête, que j'aurais dû les faire arrêter, qu'il en parlerait à la police, et je ne sais pas s'il l'a fait. »

Ainsi, quelques jours avant le 10 Août, la police de la Cour, instruite qu'un certain Westermann, ancien militaire et homme résolu, devait commander les Fédérés provinciaux, si un mouvement se faisait contre les Tuileries, aurait essayé de se l'assurer par une somme ; et celui-ci, l'offre repoussée, en aurait instruit « le citoyen Danton, etc. », c'est-à-dire la Mairie de Paris.

Celle-ci ne s'était pas bornée, du reste, aux soins préliminaires que nous venons de rapporter, pour la préparation du grand acte national qui allait s'accomplir.

D'abord, outre la suppression des compagnies d'élite dans tous les bataillons de la garde nationale (31 juillet), elle avait pris un arrêté modifiant la garde du Château et de tous les postes importants de la capitale, de manière à empêcher le choix exclusif des bataillons royalistes pour le service des Tuileries. Ensuite, elle avait donné ordre aux administrateurs de police de délivrer cinq mille cartouches à balle aux Fédérés Marseillais et de refuser toute demande du même genre venant du commandant général de la garde nationale de Paris, dont on savait l'attachement à la Cour ; enfin, le 8 août, elle avait décidé, à l'insu de cet officier, que le bataillon des Marseillais serait transféré de la caserne de la rue Blanche, où il logeait depuis son arrivée, *aux Cordeliers* (section de Danton) ! Et cela, malgré l'ordre donné par le ministre de la guerre, sur une motion de Vaublanc à l'Assemblée législative, de diriger *immédiatement* tous les Fédérés sur le camp de Soissons.

L'importance de pareilles mesures n'échappera à personne, sans doute. Mais qui voudrait les attribuer, ainsi que tant d'autres, à Pétion ou Manuel exclusivement? On connaît l'irrésolution et la couleur politique du premier, dont Carra, dans sa notice, a caractérisé l'action comme il suit : « Il n'eut pas la moindre part au succès, mais il s'est trouvé en place dans cette occasion (il était maire de Paris), comme une véritable providence pour les patriotes. » — C'est-à-dire qu'*avec certaines précautions*, dont nous parlerons ultérieurement, on put l'amener à laisser faire.

Quant à Manuel, qui fut beaucoup plus décidé, et qui coopéra certainement dans la mesure de ses forces, il n'avait ni la hauteur d'esprit, ni la fermeté de caractère, ni l'ascendant personnel nécessaires à cette grande initiative.

C'est donc à Danton qu'on doit surtout rapporter l'ensemble des mesures prises par la Mairie en cette occasion, à l'exclusion du Conseil géné.al de la Commune, nous le répétons, et avec l'assistance d'un certain nombre d'officiers municipaux que nous avons déjà nommés.

Toutefois, les dispositions militaires, quoiqu'en pense Carra, n'étaient que le moyen final d'exécution ; avant et au-dessus, il y avait les conditions politiques.

Le renversement de la monarchie était dans la situation. Tout ce qui pensait, en France, en reconnaissait la nécessité, et les événements extérieurs ou intérieurs en donnaient aux moins clairvoyants un sentiment très-énergique. Danton le comprenait autant que personne, lorsqu'il déclara, d'après les dispositions générales, que le *complément de la Révolution* était devenu de toute urgence.

Le 6 août donc, après que le rejet, par l'Assemblée, de la demande de mise en accusation de Lafayette, la publication du manifeste de Brunswick au nom des armées allemandes marchant sur Paris, la proclamation de la patrie en danger et le bruit très-fondé d'un nouveau projet d'évasion de la famille royale, eurent porté au comble l'exaltation publique, la Mairie promulgua, par arrêté, *la permanence des sections*, votée en principe le 25 juillet précédent par l'Assemblée législative, sur la motion de Thuriot, et elle se présenta à la barre du Corps législatif, stipulant en leur nom et au sien la déchéance du Roi.

Voici comment cette démarche si grave avait été amenée. Le 17 juillet, un autre arrêté municipal avait établi à l'Hôtel de Ville un bureau central de correspondance entre les 48 sections de Paris (1). Il avait pour mission de les mettre en communication constante et rapide les unes avec les autres, et se trouvait placé *sous la direction et la surveillance du procureur de la Commune*. Quarante-huit commissaires (un par section) y devaient chaque jour communiquer les arrêtés pris par leurs sections et prendre connaissance de ceux adoptés dans toutes les autres.

Le premier acte de ce bureau de correspondance fut de presser la nomination des délégués que, dès le 6 juillet, la section du marché des Innocents avait proposé d'envoyer à l'Hôtel de Ville pour rédiger une adresse exprimant à l'armée les sentiments fraternels de la population parisienne.

Trente-deux sections sur quarante-huit adhérèrent à l'arrêté de la section du marché des Innocents, et, en conséquence d'une lettre circulaire signée *d'un des substituts*

____

(1) Voir la circulaire de Manuel, *Histoire parlementaire*, t. XVI, page 251.

du procureur de la Commune, leurs délégués s'assemblèrent le 23 juillet à l'Hôtel de Ville, où ils choisirent trois d'entre eux pour rédiger l'adresse en question. Le travail ne fut terminé que le 26. L'assemblée des délégués adopta la rédaction de Collot-d'Herbois (1).

En outre, le 24, la Mairie, sur la demande de la section de la Fontaine de Grenelle, prenait de nouveau l'initiative de convoquer à l'Hôtel de Ville les délégués des sections, pour rédiger une adresse de Paris aux départements, sur les dangers de la patrie, et une autre à l'Assemblée législative, pour demander la déchéance du Roi.

Cette fois, 47 sections sur 48 se firent représenter, et ce fut leur vœu, dont la rédaction, confiée à Marie-Joseph Chénier, fut adoptée le 6 août suivant ,que les commissaires des sections, ayant à leur tête le maire de Paris, Jérôme Pétion, présentèrent au Corps législatif, comme nous l'avons précédemment rappelé (2).

Danton était-il dans tout ceci? Non! — Répond notre contradicteur.

Qu'en sait-il?

Le bureau de correspondance des sections était à l'Hôtel de Ville, *sous la direction du procureur de la Commune et de ses substituts ;* ceux-ci convoquèrent les délégués extraordinaires des sections les 20 et 24 juillet; et ils seraient restés étrangers à leurs travaux?.... Mais dans ce cas même, si Danton n'assistait pas en personne aux délibérations, ce qui nous paraît improbable, son second y était, Fabre d'Eglantine, le vice-président des Cordeliers, et ses amis, Legendre, Tallien, Pache, Chaumette, Jourdeuil, etc., etc. (3); car les républicains n'étaient pas encore divisés à ce moment, comme ils le furent après le 31 mai.

Quoiqu'il en soit, dès le 31 juillet, la section Mauconseil avait pris un arrêté par lequel elle déclarait ne plus reconnaître Louis XVI pour roi, sommait l'Assemblée de se conformer à cette résolution, et lui faisait connaître, qu'en cas de refus, elle aviserait aux mesures à prendre, fixant comme terme extrême de sa neutralité le 5 août suivant (et non point le 9).

Le Corps législatif annula cette décision audacieuse, qui fut maintenue par Mauconseil, acceptée par 14 autres sec-

(1) *Histoire parlementaire*, t. xvi, p. 241.

(2) *Extrait des procès-verbaux des Commissaires nommés par les sections pour procéder au recensement des vœux relatifs à un projet d'adresse à l'Assemblée nationale et aux départements, sur les dangers de la patrie et sur les moyens d'y remédier* (Archives de l'Hôtel de Ville).

(3) *Extrait des procès-verbaux manuscrits* (Archives de l'Hôtel de Ville).

tions (dont celle du Théâtre-Français), et rejetée par 16, les 17 dernières restant indécises.

Le 4 août, la section des Gravilliers venait aussi à la barre du Corps législatif déclarer que ses 3,300 citoyens actifs avaient voté la déchéance à trois reprises différentes et à l'unanimité, annonçant en outre, en cas d'hésitation de l'Assemblée, le parti pris de se sauver elle-même.

Le 6, déjà, la section des Quinze-Vingts essayait de provoquer une prise d'armes pour chasser des Tuileries les Suisses qui venaient d'y prendre garnison. Mais, sur les représentations de *la Mairie*, transmises par l'administrateur Osselin, elle déclarait aussitôt qu'elle attendrait patiemment, paisiblement, jusqu'au jeudi suivant, *9 août, onze heures du soir, que l'Assemblée nationale eût prononcé sur la déchéance;* mais que, si justice et droit n'étaient pas faits au peuple par le Corps législatif, le même jour, *à minuit,* le tocsin sonnerait, la générale battrait, et tout se lèverait à la fois (1).

Et le 9 au soir, l'Assemblée n'ayant pas pris en considération la demande de déchéance faite par la Mairie, les Quinze-Vingts, fidèles à leur engagement, décidaient que pour sauver la patrie, Paris nommerait aussitôt trois commissaires par section, lesquels se réuniraient à l'Hôtel-de-Ville afin d'aviser aux moyens les plus prompts de sauver la chose publique, *et que l'on n'obéirait plus désormais qu'aux ordres donnés par la majorité des membres de ce nouveau pouvoir.*

Cette mesure fut aussitôt adoptée et appliquée par vingt-huit sections (dont, encore, celle du Théâtre-Français), qui envoyèrent à l'Hôtel-de-Ville les quatre-vingts commissaires environ, qui, dans la matinée du 10, siégèrent comme Conseil général de la Commune. Les autres quartiers de Paris ne nommèrent leurs délégués que le lendemain ou le surlendemain, après que le renversement de la monarchie fut devenu un fait accompli (2).

Tel est, en résumé, le rôle des sections pour le 10 août.

Il n'est donc pas tant question, en tout ceci, de celle du Théâtre-Français? — En effet, son président essentiel ne cherchait point à l'afficher; il agissait sans bruit; ce qui a permis à ses détracteurs de faire système de l'oublier. Il en est qui écrivent l'histoire du 10 sans même parler des Cordeliers ! — Cependant, un fait sauve tout : ce n'est ni le bataillon de Mauconseil, ni celui des Innocents, ni celui des Piques, ni celui de la Fontaine de Grenelle qui marcha avec Saint-Marcel, les

(1) Registre manuscrit des procès-verbaux de la section des Quinze-Vingts.

(2) Archives de l'Hôtel de Ville de Paris.

Enfants-Trouvés et les Marseillais, pour prendre les Tuileries, mais celui de Danton, où Fabre et Desmoulins se comportèrent avec honneur et fidélité (1).

Quant à l'idée de choisir trois commissaires par section, soit de nommer un nouveau Conseil général de la Commune, la nuit du 9, pour remplacer immédiatement celui qui était en fonction et dont l'esprit était opposé au mouvement, cette mesure essentielle, l'une des bases du plan d'insurrection, n'avait certainement pu naître à la fois et au même moment dans toutes les têtes parisiennes, par cette intuition soudaine que la métaphysique révolutionnaire attribue au peuple, ni même surgir à heure fixe dans plusieurs sections à la fois. Il faut donc admettre que, comme la fixation du jour et du moment de l'attaque des Tuileries, cette détermination si importante fut le résultat d'un mot d'ordre parti du centre de l'action, *de la Mairie*, et transmis par les Municipaux et par les hommes des clubs et districts principalement engagés dans l'insurrection, comme ceux des Cordeliers et des Quinze-Vingts, par exemple, qui depuis longtemps faisaient l'opinion en pareille matière.

La convocation par lettre circulaire du substitut du procureur de la Commune, les 20 et 24 juillet précédents, de *trois commissaires par section*, pour rédiger l'adresse aux armées et celle de la déchance, dont nous avons parlé, nous paraît une preuve suffisante à cet égard.

Ce qui subsiste des procès-verbaux manuscrits des sections et de la Commune dissiperait les doutes, s'il en pouvait rester. On y voit partout l'initiative et la direction de *la Mairie*, excitant l'apathie de certains quartiers, surmontant les oppositions, apaisant les rivalités et coordonnant l'action (2); de la *Mairie*, qui, certainement, conçut et effectua le renouvellement du Conseil général de la Commune et pourvut à son installation. Car, sauf Pétion, retenu aux Tuileries, le *Pouvoir exécutif* de la municipalité parisienne (procureur, substituts et administrateurs) était en fonction avec l'ancien Conseil lorsque les nouveaux élus se présentèrent et il ne resta certaine-

(1) Récit de Rœderer. — Notes de Topino-Lebrun. — Diurnal de Lucile. — Récit de Pétion. — Rapport de Jourdeuil au Conseil général de la Commune (manuscrit). — *Bulletin du tribunal révolutionnaire*. — *Révolutions de Paris*, t. XIII.

(2) Combien de projets n'y eût-il pas de formés par la garde nationale ou par les sections pour le renversement de la monarchie, depuis celui de Barbaroux, Rebecqui et Fournier l'Américain, le jour de l'entrée des Marseillais à Paris, jusqu'à la levée en masse proposée par la section des Quinze-Vingts, pour la nuit du 9 août? — Un seul reçut exécution.

ment pas indifférent à la retraite de la première assemblée. Aussi, l'acte initial de la Commune révolutionnaire fut-il, en suspendant toutes les autorités de la capitale, *de conserver la Mairie dantonnienne.*

Ce point est fondamental. Il jette un jour certain sur l'établissement de la Commune du 10 août; et les écrivains Hébertistes et Robespierristes l'auraient aisément reconnu, s'ils n'avaient été exclusivement préoccupés, en tout cela, de cacher la main *du substitut* et de nier, malgré les faits, son action évidente.

Nous allons compléter par quelques détails encore plus personnels et plus précis, tout ce que nous venons d'établir à cet égard.

Le président des Cordeliers, la nuit du 9 Août, demeura dans sa section jusqu'à une heure du matin, paraissant par intervalle dans la salle de réunion (il y occupa même quelques instants le fauteuil), *ou recevant chez lui, passage du Commerce, les rapports des patrouilles et des citoyens qui venaient l'avertir de la marche des choses, et auxquels il distribuait ses ordres.* — « Ce Danton (s'écrie Mme Robert présente à ces allées et venues), lui, *le point de ralliement !* Si mon mari périt, je suis femme à le poignarder » (1).

Aux Cordeliers, où s'organisait définitivement l'attaque (2) et où il restait, « quoique substitut de la Commune, » Danton répondit à Clavières, qui venait le chercher de la part du Conseil municipal, que ses amis et lui allaient sonner l'insurrection ! (3) *Et après avoir tout réglé avec Alexandre, Westermann, Santerre et le commandant du bataillon de Marseille, il rentra*

____

(1) Rapport de Saint-Just. — Diurnal de Lucile. — Notes de Topino-Lebrun. — Robert était à la section et fut nommé, cette nuit même, commissaire pour l'hôtel de Ville, où il siégea le 10 août.

(2) Notre contradicteur n'a-t-il pas lui-même, à son insu sans doute, subi, sur ce point, l'ascendant de la vérité, lorsqu'il a écrit quelque part, à propos du 10 Août : « En venant chercher LA (aux Cordeliers !!!) LE MOT D'ORDRE SUPRÊME, la bourgeoisie prenait l'engagement moral de ne plus séparer sa cause de celle des prolétaires. » — Et plus loin : « Mais quand les commissaires revinrent et dirent à leur tour qu'il fallait rester tranquille jusqu'au matin, et attendre le signal de l'Hôtel de Ville, presque partout on se soumit sans murmurer, que dis-je? on s'exalta, on s'embrassa en songeant qu'il allait y avoir *un centre d'action.* » — Enfin : « Ce ne fut qu'au matin, et très-tard, que le Château apprit qu'il y avait à l'Hôtel de Ville un comité directeur, que les insurgés avaient eux-mêmes UN PLAN, etc. » — (*Encyclopédie générale,* 10e livraison.)

Nous n'avons dit ni plus, ni mieux.

(3) Ceci *au figuré,* bien entendu. Nous affirmons à notre critique que nous n'avons jamais compris que Danton ait lui-même tiré la cloche.

chez lui et se mit sur le lit, « comme un soldat », avec ordre aux siens de l'avertir.

Alors, à une heure de nuit, il se rendit à l'Hôtel-de-Ville, « à la Commune devenue révolutionnaire, » où il prit part, *tout au moins*, aux ordres de suspension immédiate de l'État-major de la garde nationale et de l'ancien Conseil général de la Commune, ainsi qu'à la nomination de Santerre au poste de commandant général de la force armée de Paris ; à l'ordre de marcher, envoyé aux colonnes insurgeantes par le nouveau Conseil municipal, et à celui donné par Manuel au bataillon de Henri IV, de retirer ses canons du Pont-Neuf ; enfin à l'arrestation et au jugement de Mandat.

Après lecture de l'ordre suivant, trouvé sur cet officier, écrit et signé par lui : — «Le commandant général ordonne au « commandant du bataillon de service, à la Ville, de dissiper « la colonne d'attroupement qui marcherait pour se porter au « Château, tant avec la garde nationale qu'avec la gendar-« merie, soit à pied, soit à cheval, en l'attaquant par der-« rière », — le Conseil décida, sur la proposition de Manuel, de l'envoyer à l'Abbaye. Mais Danton, présent, *comme substitut du procureur de la Commune, requit la mort, et fit « l'ARRÊT, » qui fut aussitôt mis à exécution* (1).

Peut-on dire que celui qui prit sur lui l'initiative *et la responsabilité* d'un tel acte, dont l'influence sur le succès de la journée ne saurait être mise en doute, soit resté *étranger* au 10 août, comme le prétend la *République française*, ou qu'il se soit tenu *prudemment* à l'écart, comme l'affirme M. Mortimer-Ternaux ?....

Mais Danton fut-il à l'attaque du Château ?

Nous ne le pensons point.

D'abord, sa place n'y était nullement, quoiqu'en aient dit ses ennemis ; ensuite, le Conseil général ayant consigné le maire de Paris, après qu'il fut sorti des Tuileries, le *substitut lui tint compagnie*, « suivant l'avis des patriotes » (2). — On voulait éviter que Pétion compromît les choses par ses hésitations et ses contre-ordres.

En résumé, au point de vue des opinions et des sympathies, la minorité républicaine seule, dans l'Assemblée législative, fut pour la déchéance. Dans les clubs, il y eut discussion. Pour les sections, au contraire, ou la partie de la population ayant droit de délibérer, l'adhésion au renversement de la monarchie fut beaucoup plus considérable. Mais il y eut des hésitations cependant, voire des oppositions formelles, notam-

(1) Notes de Topino-Lebrun.
(2) Ibidem.

ment dans les sections de la Bibliothèque et de l'Arsenal. Quant au peuple proprement dit, ou ce qu'on appelait alors les *citoyens passifs*, qui ne faisaient partie ni des assemblées politiques ou administratives, ni des clubs, ni des assemblées de sections, ni de la garde nationale elle-même, dont l'effectif, au commencement de 1792, n'était encore que de trente-deux mille six cents hommes (1), rien n'a pu être établi avec certitude sur leur opinion à ce sujet.

En tout cas, il n'y eut nulle part *unanimité* dans les manifestations antérieures au 10 août, comme en témoignent les débats législatifs, les discussions des Jacobins, les procès-verbaux des sections et les pétitions des *Huit-mille* et des *Vingt-mille*.

Quant à l'action, au concours effectif, la sélection fut plus nette encore et la coopération davantage restreinte. A l'Assemblée, il n'y eût de réel que le concours de quelques députés, comme Merlin de Thionville, Bazire, etc. ; et, à la Commune, que celui des officiers municipaux que nous avons fait connaître. Dans les sections, vingt-huit seulement sur quarante-huit, affirmèrent leur adhésion au mouvement par l'envoi de leurs commissaires à l'Hôtel de Ville, pour remplacer le Conseil général de la Commune. Ceux-ci, le 10 au matin, n'étaient encore qu'au nombre de quatre-vingt-deux. Les sections qui s'abstinrent ou ajournèrent jusqu'après l'événement, furent celles des Champs-Elysées, du Roule, du Palais-Royal, de la place Vendôme, Feydeau, Grange-Batelière, Oratoire, Halle au blé, place Louis XIV, fontaine Montmorency, marché des Innocents, faubourg Montmartre, Temple, Hôtel-de-Ville, place Royale, Ile Saint-Louis, Henri IV, Quatre-Nations, Thermes de Julien et Jardin-des-Plantes (2).

Mais ce fut bien autre chose pour le concours militaire. Trois bataillons seulement, *sur soixante*, prirent part au combat; ceux des Enfants-Trouvés (faubourg Saint-Antoine), de Saint-Marcel (Gobelins) et des Cordeliers Théâtre-Français); — tandis que ceux des Filles-Saint-Thomas, de Henri IV et des Petits-Pères se montrèrent tout d'abord

(1) Voir l'*Almanach royal* de 1792.
C'est encore aux Cordeliers et à Danton nommément, sans méconnaître le mérite des protestations de Camille Desmoulins dans les *Révolutions de France et de Brabant*, qu'il faut rapporter les premières propositions directes pour l'abolition de la distinction des Français en citoyens actifs et passifs, laquelle excluait le prolétariat de la vie politique (Voir un arrêté de la section du Théâtre-Français, signé Danton, président, Chaumette et Momoro, secrétaires, du mois de juillet 1792. — *Histoire parlementaire*, t. XVI, p. 149.)
(2) *Procès-verbaux manuscrits des sections* (Archives de l'Hôtel de Ville).

hostiles et tinrent jusqu'au dernier moment pour la royauté. Cependant, Carra mentionne aussi, dans sa notice, comme s'étant joint au bataillon des Enfants-Trouvés, celui des vainqueurs de la Bastille et des hommes du 14 Juillet. De sorte que, comme partis politiques, la future Montagne donna son appoint par la force armée ci-dessus énumérée, et la Gironde, par les Marseillais de Barbaroux ; Paris et la France, outre les éléments qui précèdent, furent représentés par des combattants isolés, citoyens passifs, gardes nationaux des différentes sections de la capitale, fédérés de Brest et des autres provinces, en assez petit nombre, enfin, par des paysans de la banlieue, qui, tous, vinrent se joindre aux bataillons organisés (1).

C'est cette troupe spéciale, soulevée par les événements et résolue au suprême effort, qui se mit aux ordres de la Municipalité pour le combat. Celle-ci la fit arriver à bien sur le champ de l'action, en même temps qu'elle pesa victorieusement sur l'Assemblée, sur le Directoire du département, dans les clubs, dans les sections et sur le reste de la garde nationale.

Voilà ce que montre l'histoire, quant à l'unanimité et au caractère anonyme de la grande journée ; voilà ce qu'elle enseigne sur l'origine et la nature exclusivement populaires du 10 Août.

Pour toute analyse sérieuse, l'événement apparaît, au contraire, comme le fait d'une minorité coordonnée, et comme un mouvement essentiellement bourgeois, ou du Tiers-Etat.

La réalité contredit donc absolument, à cet égard, la thèse démocratique, qui nous semble purement imaginaire, malgré cette fière apostrophe de notre honorable critique : « Les révolutions, au contraire, sont *anonymes*, elles sont l'œuvre de toute une population qui s'insurge au nom de la justice. L'unité d'action ne vient que de l'identité des sentiments qui pousse tous les citoyens à agir, et c'est *le nombre* qui fait la grandeur de l'événement, sa moralité, sa légitimité, et jusqu'à sa fécondité. Incarner le fait c'est l'annihiler. Nous savons que vous répugnez à cette théorie révolutionnaire et qu'il vous faut toujours, à vous, hommes de vénération, une intelligence qui dirige, une volonté qui s'impose ; mais l'histoire vous donne tort, quoique vous puissiez dire (2). »

Non ! Et l'histoire nous montre, à n'en pas douter, la prépondérance de Danton d'autant plus évidente que l'on pénètre plus avant dans le détail de l'événement, et qu'on l'étudie plus minutieusement.

(1) Carra, *Précis historique.*
(2) *La République Française, loco citato.*

Son action nous paraît surtout caractérisée par le choix du motif de l'insurrection, qui devait être suffisant pour provoquer un soulèvement décisif, à savoir : le refus, par l'Assemblée, de prononcer la déchéance du Roi ; ainsi que par l'appropriation et l'habileté des moyens : formation du corps insurrectionnel, renouvellement du Conseil général de la Commune et du commandement de la garde nationale ; enfin, par la convenance du but politique : consistant dans la prise des Tuileries et la détention de la famille royale (ou l'abolition, en fait, de la monarchie), l'Assemblée étant respectée et contrainte, néanmoins, de prononcer la suspension du Roi (tâche déjà bien lourde pour son énergie politique) et de laisser à la France, par la convocation à bref délai d'une Convention nationale, le soin et l'honneur de ratifier officiellement l'initiative de Paris, en proclamant la République. Un ministère patriote, où entrerait en première ligne le substitut du procureur de la Commune, devait administrer l'interrègne, ainsi qu'il arriva.

Le 10 Août, à neuf heures du matin, le bataillon des Marseillais (commandant Granier), celui des Cordeliers et celui de Saint-Marcel (commandant Alexandre), et bientôt après, celui des Enfants-Trouvés et des Fédérés brestois (commandant Westermann), investirent le Château.

Dès le matin, Louis XVI et sa famille, sur les instances du Département, s'étaient rendus dans le sein de l'Assemblée, abandonnant leurs défenseurs.

Les Tuileries étaient occupées par la garde suisse, par d'anciens gardes du corps, par des gentilshommes de Paris et de la province, enfin par des bataillons de garde nationale avec leurs canons. Mais l'infanterie et l'artillerie parisienne firent défection avant la bataille, ainsi que la gendarmerie à cheval postée au Carrousel.

Après un combat assez court, le palais fut pris et un grand nombre de ses défenseurs massacrés.

Pendant ce temps, l'Assemblée prononçait la suspension provisoire du Roi et sa détention ; elle décrétait la convocation d'une Convention nationale et acclamait le ministère républicain.

Or ce plan (car c'en est un, et des meilleurs), ce dessein si complexe, malgré son unité nécessaire, formé de tant de conditions variées, et exigeant tant de concours divers, ne pouvait naître et se développer à la fois, nous le répétons, chez tous les sectionnaires, Il ne pouvait arriver que chez un seul homme à ce degré de lumière, de précision, de force et de maturité qu'exigent la pratique et surtout le succès. Et cet homme ne fut ni Vergniaud, ni Marat, ni Robespierre, ni Pétion, ni Manuel, ni Carra, ni Pache, ni Hébert, ni même

Xavier Audouin ! Mais Danton, lequel eut à la fois le génie politique, l'énergie d'exécution et l'ascendant social indispensables à une pareille opération.....

Voilà comment le substitut du procureur de la Commune de Paris, qui, de 1789 a 1792, avait, par des services publics aussi nombreux que faciles à reconnaître, conquis l'influence nécessaire pour commander au 10 Août, devint, immédiatement après la victoire, ministre de la justice, président du Conseil exécutif et député de la capitale de la France à la Convention, c'est-à-dire, comme l'a reconnu Billaud-Varennes, maître de la situation politique, *bien qu'il n'ait pas voulu nominalement le pouvoir !* — Il en usa jusqu'à la fin de 1793, de la manière la plus désintéressée et la plus heureuse pour les destinées de son pays, *sinon pour son propre avantage.* — S'il fut resté étranger à l'événement, comme le prétendent ses détracteurs, sa plus haute fortune politique en serait-elle ainsi résultée ?

A cet égard la démonstration est faite, on peut le dire, pour tous les esprits suffisamment renseignés et doués de quelque perspicacité politique, qui ne verront, dans cette manière de comprendre l'histoire, rien du mysticisme et de l'arbitraire, aucun des « concepts dramatiques et romanesques », pas une des aberrations cultuelles que nous attribue la *République française ;* et qui reconnaîtront, au contraire, que la *symbolique démocratique,* avec son culte de l'impersonnel, du vague et de l'indétermination, tient infiniment moins compte des faits, de la réalité, que le déterminisme positiviste.

Ceci, du reste, ne concerne pas exclusivement le passé.

Si tous les grands événements de l'histoire, que l'on peut considérer comme les actes de cet immense organisme qui s'appelle l'Humanité, n'ont pu se produire et ne se sont effectivement accomplis que d'après le concours d'*organes* divers, mais coordonnés, et non de *molécules* identiques, indépendantes, agissant *sua sponte,* sans entente et sans liens, il en est de même des faits présents et à venir. L'histoire d'hier, puisse-t-il en être autrement pour celle de demain, ne le prouve que trop douloureusement.....

C'est bien pourquoi, si notre voix pouvait être entendue, nous adjurerions les républicains en situation d'avoir accès sur les destinées de la patrie, de moins compter, à l'avenir, sur l'infaillibilité des masses et davantage sur les efforts concertés de leur parti, et d'abandonner, au moins pour les cas périlleux, la théorie décevante de *la grâce démocratique* et de l'omniscience du Peuple, qui a fait plus encore que la haine effrénée de la réaction, pour les défaites de la République.

Il est grand temps, en effet, qu'ils changent cette manière de concevoir l'histoire et la politique, qui tourne constamment et de plus en plus à notre détriment, et qu'ils règlent enfin leurs opinions sur le passé et leur conduite dans le présent d'après la connaissance des *lois naturelles* de la société, appliquées au cours des évènements par des volontés éclairées et convaincues.

A ce point de vue, il n'est pas douteux que le 10 Août n'aurait pas davantage abouti que le 31 octobre, s'il avait été aussi peu dirigé. Et cependant, le public n'était ni mieux inspiré, ni plus résolu en 1792 qu'en 1870. Ceux qui ne veulent pas d'*hommes* ont dû être satisfaits de la dernière journée.

Aussi est-il déplorable de voir, non pas seulement les démocrates, mais les républicains eux-mêmes (1), persister à vouloir régler la politique d'après la raison et la volonté générales, ou *le nombre*, quand on se rappelle que, dans un espace d'un peu plus de vingt ans, le suffrage universel a pu acclamer successivement le coup d'Etat de 1851 (plébiscite des 20 et 21 décembre), approuver tout l'Empire (plébiscite du 8 mai 1870), et, après Metz et Sedan, préluder encore à une nouvelle restauration de la monarchie (élections du 8 février 1871)!

Enfin, pour achever de juger cette théorie des plus vastes opérations sociales effectuées par la spontanéité populaire, n'avons-nous point surtout l'histoire de la défense nationale, où l'absence de chefs a fatalement annulé les efforts des masses les plus admirablement disposées?

Supposons, en effet, par impossible, qu'après Sedan, avec les ressources immenses que la France possédait encore en crédit et en hommes, avec le patriotisme des débris de l'armée vaincue, des soldats de nouvelle levée, des gardes-mobiles, des gardes nationaux mobilisés et sédentaires, il se fût trouvé pour gouverner Paris assiégé une municipalité comme celle du 10 Août, par exemple, et, pour le défendre, un général comme Kléber, avec des divisionnaires et des brigadiers tels que Dugommier, Championnet, ou Westermann ; qu'à Metz, on ait eu des Dagobert, des Beaurepaire, des Joubert et

(1) Les républicains veulent la République comme gouvernement de la société, et la mettent au-dessus du suffrage universel.

Les démocrates ne veulent de gouvernement que les fluctuations de la majorité; ils mettent le suffrage universel au-dessus de la République, qu'il peut toujours renverser.

Les positivistes n'acceptent le suffrage universel que comme moyen ou fonction ; la République est aussi pour eux une condition fondamentale : mais ils veulent l'organiser d'après la connaissance des lois sociologiques.

des Masséna; et qu'à Tours, un homme d'Etat comme Danton se fût trouvé à la tête d'organisateurs et d'administrateurs tels que Carnot, Robert Lindet, les Prieur, Pache et tant d'autres, de commissaires provinciaux comme Baudot, J.-B. Lacoste, Dubois-Crancé, Fabre d'Eglantine, Philippeaux, Merlin de Thionville, Bentabole, Saint-Just, Levasseur, etc., etc., et de généraux tels que Hoche, Marceau, Jourdan, Desaix et cent autres ; le cours des choses n'en aurait-il pas été affecté ?

Ceci soit dit sans aucune pensée de dénigrement envers le patriote auquel nous avons toujours considéré comme un devoir de rendre justice ; qui, seul, au Gouvernement de la défense nationale, eût le cœur et le caractère à la hauteur de sa périlleuse mission; et à qui est certainement dû l'effort immense par lequel la France a pu sauver de l'effondrement impérial son honneur et sa nationalité.

Mais cet exemple même est un témoignage décisif en faveur des opinions que l'on nous reproche.

Paris. — Typ. Rouge frères, Dunon et Fresné, rue du Four-Saint-Germain, 43.